ÉSOPE

A CYTHERE,

COMÉDIE EN UN ACTE

ET EN VERS LIBRES.

PAR M. DANCOURT

COMÉDIEN DU ROI.

Représentée à Paris sur le Théatre des Comédiens Italiens, ordinaires du Roi, en 1766. Et à Rouen le 3 Janvier 1772.

Dextræ se parvus Iulus
Implicuit sequitur que patrem non passibus æquis. (Æneid....)

A ROUEN,

Chez J. J. LE BOULLENGER, Imprimeur du Roi, rue du Grand-Maulévrier,

M. DCC. LXXII.
Avec Permission.

AU PUBLIC
DE ROUEN.

Messieurs,

J'ai recherché les suffrages de la Capitale pour cette Piece. Comme on ne les obtient plus guères qu'à la faveur de la Musique, je n'eus pas l'orgueil de mépriser un moyen que des Auteurs du premier ordre croient aujourd'hui nécessaire à leur réputation. Cette ressource m'a manqué, à Rouen. L'Orphée qui s'étoit donné la peine de pomponner mon Ésope n'est plus, & mon Enfant seroit dans la tombe avec lui si la tendresse paternelle ne m'eût encouragé à vous le présenter in naturalibus. *Vous avez daigné l'accueillir malgré sa nudité. Tant d'indulgence exige une preuve authentique de ma gratitude. De même que cet Ancien qui crut*

A 2

ne pouvoir mieux prouver son amitié qu'en chargeant deux de ses amis, solidairement, de pourvoir après sa mort à l'éducation, à l'entretien & à l'établissement de sa fille. Je crois, MESSIEURS, ne pouvoir mieux vous prouver ma reconnoissance qu'en mettant sous votre protection un petit Ésope dont vous avez bien voulu ne pas compter toutes les bosses, & que sa difformité ne vous a pas empêché d'accueillir.

J'ai l'honneur d'être avec le plus profond respect,

MESSIEURS,

Votre très-humble &
très-obéissant serviteur
DANCOURT.

AVERTISSEMENT.

IL y a six ans, environ, que cette Piece a été jouée à Paris, sur le Théatre des Italiens. Je l'avois destinée d'abord aux Comédiens Français. L'enthousiasme lyrique dont je trouvai Paris transporté en arrivant d'Allemagne, & les sollicitations d'un Acteur célebre, qui desiroit tirer le genre bouffon des vêtements de la canaille, me déterminerent à la travailler pour la Musique. Cet Acteur desiroit, en homme bien né, que son Théatre devint plus digne de la bonne compagnie, & je fus, à peu près, un des premiers qui souscrivirent à sa délicatesse. On a été depuis plus loin, que ni lui ni moi n'aurions osé le prévoir : nous comptions que c'étoit tenter beaucoup, mais on nous a désabusés. On ne s'est pas contenté qu'Annette & Lubin, Rose & Colas fussent honnêtes & amusans : on a ennobli le Brodequin bouffon, au point qu'on peut aujourd'hui le comparer au Cothurne. On se pâme, on s'extasie en entendant chanter une petite Paysanne, un Manant, un Soldat, avec les tons & les accens que le bon sens réservoit autrefois aux Armides, aux Castors & Pollux. Un faux Prophete (& qui en rit bien dans sa barbe) a fait adopter, par ses clameurs, la frivolité de la lyre Italienne, au point que nous voilà disposés à applaudir toutes les sottises qu'elle impose à la Poësie, sur les bords du Tybre. Il sera ravissant d'entendre Auguste chanter : *soyons amis, Cinna, c'est moi qui t'en convie,* la Scene d'Atrée & de Thieste, un Pere prêt à boire le sang de son fils, la mort de Cléopatre empoisonnée, la

A 3

reconnoiſſance de Mérope, enrichie d'une Ariette, les ſoupirs de Zaïre, le déſeſpoir d'Oroſmane, précédés de Ritournelles harmonieuſes, brillantes, *allegro*, *piſſicato*, *harpegio*, cela ſera divin ; ces Airs prendront un caractere de gaieté qui ſera très-propre à préſerver du ſentiment douloureux que les Auteurs mal-adroits des Ouvrages cités, s'impoſoient de faire naitre. Je n'outre rien, j'ai preuve en main. On a enrichi notre Scene lyri-comique d'Airs dérobés aux Opéras ſérieux d'Italie, & ces airs, graces au goût vrai qu'ils ont fait naître, ne ſont nullement déplacés ſur des paroles ruſtiques, & ſont fort applaudis dans la bouche de perſonnages ſubalternes. J'ai été, entr'autres, fort étonné d'entendre chanter à Bruxelles, le Verſet *De profundis clamavi*, ſur le même Air que quinze jours avant, j'avois entendu à Paris dans la bouche d'un Payſan de bonne humeur. Il y avoit à peu-près quarante ans que le motet exiſtoit dans tout les Pays-Bas. Si donc les Airs ſérieux d'Italie ſe prêtent ſi bien au Comique, pourquoi les Airs comiques du divin Pergoleſe ne ſe prêteroient-ils pas au Tragique ? Je compte bien que dans peu quelque habile Orphée fera chanter Phedre & Athalie, comme la *Zingara* & la *Serva Padrona*, & qu'on criera : *bravó* ! *braviſſimó* ! Nous nous habillerons à la Pruſſienne, nous converſerons à l'Anglaiſe, & nous jugerons à l'Italienne.

J'ai oſé rendre à ma Piece ſa premiere forme, parce qu'un obſtacle invincible s'oppoſe à ce que je lui prête les charmes de la Muſique, qui la rendroient bien meilleure aux yeux de beaucoup de Lecteurs d'aujourd'hui. Mon Orphée eſt mort : les ſuffrages du Public l'auroient déterminé à la faire graver, ſi après quelques Repréſentations, la protection d'un grand Prince qui chériſſoit avec juſtice les talents du Défunt, ne lui eut fait obtenir la direction de l'Opéra. J'étois à Bourdeaux dans le tems que ſa Muſe paroit la mienne d'agrémens ſimples & naturels, que les Connoiſſeurs ont applaudis, & qui ſont peut-être perdus pour le Public. J'avois pris la liberté de confier la conduite de ma Piece à deux hommes de Lettres auſſi diſtingués par la ſublimité de leurs talens, que par l'éclat de leur naiſſance. Un des deux fit à mon Ouvrage l'honneur d'y joindre une Scene très-ingénieuſe; mais en même-temps aſſez vive contre l'Opéra; & c'eſt cette Scene qui probablement fût cauſe que la Muſique n'a point été gravée. Un Muphti ne pourroit décemment ſe permettre de médire de l'Alcoran; un Directeur de l'Opéra n'a pu faire graver des Epigrammes contre l'Opéra.

Je ne dédommage point le Public de la Scene en queſtion qui ne m'eſt pas parvenue, non plus que quelques changemens qui ſans doute étoient très-avantageux à l'Ouvrage; mais je n'ai pas voulu laiſſer la place vuide, & j'y ai ſubſtitué la Scene de la jeune Actrice.

Cet Ouvrage & ſur-tout la Scene ſuſdite ne ſupporteront l'épreuve de l'impreſſion, qu'autant que les Lecteurs voudront bien n'y chercher que de *l'eſprit de Province.*

Non licet omnibus adire Corinthum.

NOMS DES ACTEURS.

ÉSOPE. *M. Chazel.*

L'AMOUR. *Mad. Prévôt.*

PHILARISTE , bel efprit amoureux & Anglomane.
  M. Floridor.

CHLOÉ , jeune prude. *Mad. Chazel.*

LUCAS , Payfan. *M. Le Couvreur.*

DORIS , coquette.

FATIGNAC , Gafcon. *M. Dupuis.*

SIRENE , jeune Actrice. *Mad. Delautel.*

DIVERTISSEMENT.

LA FIDÉLITÉ.

TROUPE DE JEUX ET DE PLAISIRS.

*La Scene eft à Cythere , dans un Jardin du Palais
de l'Amour.*

ÉSOPE

A CYTHERE,

COMÉDIE EN UN ACTE

ET EN VERS.

SCENE PREMIERE.

ÉSOPE *seul.*

ME voilà donc le Cenſeur de Cythere :
  Dans ce pays, ainſi que chez Créſus,
J'aurai, je crois, bien de l'ouvrage à faire ;
Plaiſe aux Dieux que mes ſoins ne ſoient pas ſuperflus.
  De ma commiſſion la fortune eſt douteuſe.
    Comment convertir les Amans ?
La Raiſon, à leurs yeux, n'eſt qu'une radoteuſe,
    Et les Sages ſont des Pédans.
    Je ne puis pourtant m'en défendre,
    par Jupiter l'emploi m'eſt impoſé ;
    Puiſque c'eſt à ce prix qu'il m'a diviniſé,
Tâchons de réuſſir mieux que je n'oſe attendre.

Mais faifons néanmoins chaque chofe à fon tour.
J'ai toute la délicateffe,
D'un Dieu qui fut homme de Cour :
Je dois avant tout à l'Amour,
Ma vifite de politeffe.
Serai-je affez heureux pour le trouver ici ?
Il eft fouvent abfent. Ah, ma foi, le voici.

SCENE II.

L'AMOUR, ÉSOPE.

L'AMOUR.

C'Eft vous, Efope, eh quoi ! dans mon Empire !
Eft-ce Rhodope encor ici qui vous attire ?

ÉSOPE.

Nouvellement admis dans le *Sénat des Cieux*,
De mon devoir fouffrez que je m'acquitte ;
Je vous dois, comme aux autres Dieux,
Ma révérence & ma vifite.

L'AMOUR.

Oh ! laiffons les façons. En quelle qualité,
Aurez-vous part à l'immortalité ?

ÉSOPE.

Jupiter veut que dans la Cour divine,
Je tâche d'extirper un bon nombre d'abus ;
La Lieutenance de Momus,
Eft, en attendant mieux, le rang qu'il me deftine.

L'AMOUR.

Il vous a chargé là d'un dangereux emploi.
A mon égard, sur-tout, soyez sobre en critique.
On risque tout à médire de moi :
Quand on m'égratigne, je pique ;
Je vous le dis pour votre bien.

ÉSOPE.

Pour parer tous vos traits, je sais un bon moyen.
La raison ma pourvu d'un remede infaillible,
Qu'avec grand soin je saurai conserver :
Ce préservatif invincible,
Du pouvoir de vos feux saura bien me sauver.
(*Il montre un miroir de poche.*)

L'AMOUR.

Je n'entends rien à ce langage.
Que faites-vous de ce miroir?
Prenez-vous, par hasard, grand plaisir à vous voir ;
Et comme feu Narcisse aimez-vous votre image?

ÉSOPE.

De ce bijou connoissez le pouvoir.

LE MIROIR UTILE.

EN Égypte, autrefois, à ce que dit l'histoire,
Vécut un Sage fort vanté.
L'équitable postérité
A consacré son nom au temple de mémoire ;
Mais si de son exemple elle avoit profité,
Elle eût mieux fait. Ce Sage avoit de la Nature
Reçu beaucoup d'esprit, & fort laide figure ;
Ainsi le veut le Sort, il n'est rien de parfait,
Comme moi, notre Sage étoit tout contrefait.

Tout hideux qu'il étoit, son cœur étoit sensible;
    Plus d'un objet l'avoit charmé;
    Mais il s'agissoit d'être aimé,
Et sa mine rendoit son bonheur impossible.
Minerve en eut pitié, elle offrit à ses yeux,
Par la main du bon sens, ce Miroir précieux.
Notre Sage se voit, & plus il s'examine,
Plus il sent de ses feux s'amortir le poison :
C'est bien à toi d'aimer avec pareille mine,
    Se dit notre homme avec raison.
    Gardons ce meuble salutaire,
Pour empêcher mon cœur de s'enflammer.
    Ce n'est que lorsque l'on peut plaire,
    Qu'on doit se permettre d'aimer.

Pour éviter vos fers, on se met hors d'haleine :
Tel est persuadé qu'on ne peut s'en tirer;
    Qui les briseroit sans peine,
Si sans présomption, il savoit se mirer.

L' A M O U R.

Passe pour vous; mais je puis vous prédire,
Quelque succès qu'il vous plaise espérer,
Que ce remede là ne pourra vous suffire,
A guérir les magots de leur tendre délire.

É S O P E.

Oh! je n'y compte pas; envain la vérité
    Préte sa voix à la sagesse,
On lui tourne le dos pour écouter sans cesse,
    Ou l'erreur, ou la vanité.

L' A M O U R.

    S'il est ainsi, c'est armer la satyre,
    Que venir débiter votre morale ici.

ÉSOPE.

De Jupiter, pour votre Empire,
  J'ai reçu l'Ordre que voici.
» Pars, m'a-t-il dit, cours à Cythere,
» Et dis de ma part à l'Amour,
» Que contre lui toute la terre
» Me fait des plaintes chaque jour.
 » Qu'avec le genre-humain il se reconcilie,
» Et que pour le repos de la terre & des Cieux,
  » Loin de sa Cour il chasse la Folie. «
Telle est la volonté du Souverain des Dieux.

L'AMOUR.

Moi chasser la Folie! en ai-je la puissance?
Sur elle eus-je jamais la moindre autorité?
Vous voyez en jouant comme elle m'a traité,
Et je m'exposerois aux traits de sa vengeance?
  Non, s'il vous plait. Cette Divinité
Me puniroit trop bien d'une pareille offense.
D'ailleurs plus que les miens ont chéri ses Autels.
Ce n'est que pour un temps que l'on me rend hom-
  mage:
  Mais la Folie a l'avantage,
De régner en tout temps sur le cœur des mortels.

ÉSOPE.

  J'ai quelquefois, avec adresse,
  Amorti les effets de son fatal poison.
Ménageant des amans l'erreur & la foiblesse,
J'en pourrai faire encor triompher la raison.
  La vérité d'une gaze légere,
  Doit emprunter le voile officieux,
  Et pour mieux réussir à plaire,
Son éclat, à moitié, doit se cacher aux yeux.

Contre un Pédagogue févere,
Qui le fourcil froncé , débite féchement,
Une morale trop amere,
L'efprit fe révolte aifément,
Au lieu qu'en nous montrant chez d'autres,
Des fottifes qui font les nôtres,
Par l'amour-propre, alors on n'eft plus ébloui,
Chacun au fond du cœur, prononce fa Sentence,
Et reconnoît, malgré foi, dans autrui,
Le vice qu'une adroite & fage complaifance,
Obligeoit fon Cenfeur de ménager en lui.

L' A M O U R.

Je vous entends ; vous voulez de vos fables :
Faire ufage auffi chez l'Amour.

É S O P E.

Je defire qu'en ce féjour,
Elles foient comme ailleurs, utiles, profitables,
Pour la vertu, pour la raifon,
J'en ai tiré trop d'avantage,
Pour dédaigner d'en faire ufage,
Dans la meilleure occafion.

L' A M O U R.

Vous avez fait fortune à la Cour, à la Ville,
On vous a vu briller fur le Parnaffe auffi ;
Mais la fortune eft changeante & fragile,
Et vous pourriez fort bien vous ruiner ici.
De votre efpoir mon efprit fe défie,
Que puiffe cependant le plus heureux deftin :
Seconder en ces lieux votre philofophie ;
Mais, fi votre projet fait une trifte fin,
On vous liera vous-même au char de la Folie,

C'eſt ſouvent ce qu'on gagne à prêcher les humains,
Mais Jupiter le veut , je m'en lave les mains;
Suivez la loi qui vous engage,
Efforcez-vous de combler votre eſpoir.
Tantôt je reviendrai ſavoir ,
Si vous êtes content d'avoir fait le voyage.

SCENE III.

ÉSOPE ſeul.

N'Importe efforçons-nous de nous mettre en crédit.
Quoique le Dieu des cœurs en diſe ,
Pour me procurer du débit ,
Je m'en vais de mon mieux farder ma marchandiſe.

SCENE IV.

ÉSOPE, PHILARISTE.

PHILARISTE.

REcevez , s'il vous plaît, Seigneur,
D'un Enfant d'Apollon , le très-ſincere hommage.
Je vous aime de tout mon cœur ;
La raiſon la voici , je voudrois être ſage.
Quiconque l'eſt , eſt ſûr de mon affection :
Pour prix de mon penchant , aidez-moi donc à l'être.
Jugez combien je chéris la raiſon ;
Puiſque c'eſt vous que j'ai choiſi pour Maître.

ÉSOPE.

Ce compliment me flatte affurément :
    S'il eft fincere,
Vous m'offrirez bien peu d'ouvrage à faire,
    Mais, répondez-moi franchement,
Qu'elle idée avez-vous prife de la fageffe ?
Chacun a fa Minerve & fort complaifamment,
Elle excufe à fon gré fon vice ou fa foibleffe.
    On careffe fa paffion,
Parce qu'elle eft contraire à celle de quelqu'autre.
Un tel eft fou, dit-on, *ergo*, moi j'ai raifon :
    Ainfi dans la comparaifon,
Vice d'autrui nous frappe & nous cache le nôtre.
Au prodigue, Harpagon paroît un infenfé ;
Le prodigue à fon tour le paroît à l'avarre.
    Réciproquement on s'égare ;
    Chacun a le cerveau bleffé.

PHILARISTE.

Moi, Seigneur, je cultive & chéris la Juftice,
Et crois que tout Cenfeur donne barre fur lui,
    S'il n'eft pas lui-même fans vice
    Quand il veut réformer autrui.

ÉSOPE.

Vous m'étonnez du métier dont vous êtes,
A l'égard du prochain d'avoir tant d'équité :
    Car on fait que la charité,
    N'eft pas la vertu des Poëtes.

PHILARISTE.

Ah ! Seigneur, je gémis que ce reproche infâme,
    Avec tant de raifon fe foit accrédité.
De l'encre de l'envie, eft-ce en fouillant fa trame,
Qu'on doit ofer prétendre à l'immortalité ?
                L'un

L'un par ſes crits ſatyriques,
Du mérite qu'il hait, fait douter ſes Lecteurs
Du ſarcaſme cruel, il arme ſes critiques,
Pour déchirer d'eſtimables Auteurs.
L'autre à ſon tour humecte ſes repliques,
D'un fiel amer, & d'un aigre poiſon :
Tous deux étouffent la raiſon,
Sous l'amas ténébreux de menſonges cyniques.
Croyez pourtant, qu'il eſt de ſublimes Eſprits,
Que l'intérêt de leurs écrits,
Ne porte point à la baſſeſſe.
Leur cœur ſe ferme à l'animoſité :
C'eſt toujours avec politeſſe,
Que leur plume en appelle à la Poſtérité.
Tels ſont les aimables modeles,
Que ma Muſe veut imiter.
Sans prendre nulle part aux riſibles querelles,
Que l'orgueil au Parnaſſe a pris ſoin d'exciter,
J'abandonne mes Vers aux efforts de l'Envie.
Sans me fâcher on peut les décrier,
Pourvu qu'il plaiſent à Silvie,
Contre eux tant qu'il voudra, *Bavius* peut crier.

É S O P E.

Vous aimez donc ?

P H I L A R I S T E.

Et pour toute la vie.
Cela ſe peut-il autrement ?
Le flambeau de la Poéſie,
S'éteint, s'il ne s'enflamme au cœur du tendre amant.
Phœbus peut accorder l'eſprit & le génie ;
Mais l'amour ſeul donne le ſentiment.

B

J'adore une Nymphe mignonne,
Le plus bel ouvrage des Cieux,
C'est Hébé, c'est l'Aurore, & Vénus en perfonne,
C'est un objet qui féduiroit les Dieux.

ÉSOPE.

En êtes-vous aimé ?

PHILARISTE.

Je ne fai que vous dire,
J'ai quelquefois des raifons d'en douter,
Mais plus fouvent, fi j'en foupire,
Par un coup d'œil, par un fourire,
Elle fe plaît à m'enchanter.
Dans fes beaux yeux, je lis que j'ai fu plaire ;
Mais, fon goût pour la mode & la frivolité,
Me fait par fois préfumer le contraire.
Voilà je crois fon caractere ;
L'amour céde à la vanité.

ÉSOPE.

Si votre flamme eft bien fincere,
C'eft à vous la-deffus à favoir vous régler.

PHILARISTE.

Quoi ! Je contribuerois moi-même à l'aveugler ?
Jugez fi cela fe peut faire.
Un Faquin furdoré qui s'eft fait mon Rival,
Qui doit tout fon mérite à fa fotte parure,
Obtient un acceuil prefque égal,
Ce partage me fait injure.
Il faudroit pour exclure un tel Original,
De fuif & d'amidon, plâtrer ma chevelure,
Et concourir au défordre fatal,
Qui menace l'Etat de fa perte future.

C'eſt-là ce que de moi, l'on exige aujourd'hui ;
Sans quoi, malgré mon ardeur ſans pareille,
Mon Fat aura les yeux pour lui,
Je n'aurai pour moi que l'oreille.

ÉSOPE.

Mais vous le méritez, je le dis franchement.
Pourquoi braver ainſi l'uſage ?
Pourquoi tout ce dehors dépouillé d'agrement ?

PHILARISTE.

Mais c'eſt l'extérieur d'un Sage,
C'eſt l'habit ſimple des Anglais.
Ah ! que ne ſuis-je né chez ce peuple admirable!
Peut-on avoir l'air eſtimable,
Sous l'habit élégant du frivole Français ?

ÉSOPE.

Pour un homme d'eſprit, vous m'étonnez ſans doute,
Un préjugé ſi faux, attente à votre honneur,
Tâchons de vous tirer d'erreur,
Et de vous éclairer où vous ne voyez goutte.
Pourquoi chercher ailleurs, ce que l'on a chez ſoi ?
Je prétends vous prouver par quelques paralleles,
Que les Anglais chez vous ont cherché des modeles :
Imitez-les, Monſieur, & comptez avec moi :
Eſt-ce en paſſant la Mer, que Montagne & que Baîle
Ont appris l'art de réfléchir ?
Et devant Addiſſon, Young, Swiſt & Stéele,
Deſpréaux, Monteſquieu, Fénélon, Fontenelle,
Seront-il dont obligés de fléchir ?
Plus je lis & plus je préſume,
Malgré le préjugé de ſes fiers Sectateurs,
Que pour combattre ſes erreurs,
Deſcartes à Newton avoit taillé la plume.

B 2

D'un burlefque impudent, leur Théatre infecté,
Sans refpect pour le cœur, non plus que pour l'oreille,
Sur Moliere & fur Corneille,
Obtiendra-t-il la primauté ?
En faveur d'Albion aux rives de la Seine,
Le Dieu Mars a-t-il donc refufé fes lauriers ?
Et dans l'école des guerriers,
Churchill ne fut-il pas l'écolier de Turenne ?
Vous condamnez le luxe & vous n'avez pas tort,
Pour ceux qu'il traîne à leur ruine,
Qui faifant pour briller un ridicule effort,
Sous des habits dorés éprouvent la famine :
Mais ceux à qui le Ciel fit un fort plus heureux,
Peuvent à mon avis étendre leur dépenfe,
La raifon leur en fait un devoir généreux,
Un tribut de reconnoiffance.
Sachez que tout bon Citoyen
Doit à l'état tout l'emploi de fon bien.
Au commerce, aux beaux arts, ainfi qu'à l'induftrie,
Il doit contribuer de tout fon fupperflu.
Sans altérer fon fond, manger fon revenu,
C'eft acquitter fa dette & fervir fa Patrie.
Croyez-moi donc, quittez votre engouement Anglais,
Ce manteau frauduleux d'un orgueil politique,
Et de Sophifte Britannique,
Devenez un fage Français.

PHILARISTE, *avec vivacité.*

Quoi ! Ce n'eft pas affez des mœurs, de la conduite,
Du favoir, de l'efprit, des talens enchanteurs :
Le faux éclat, les charmes impofteurs,
Que la mode traîne à fa fuite,
Seront plus puiffans fur les cœurs.

ÉSOPE.

Plus puissans, non, mais nécessaires,
Un conte que je sai, le prouve clairement.
Écoutez encore un moment
Si vous n'avez d'autres affaires.

LE RUBIS BRUT ET LE STRAS.

Un Rubis brut & très-pesant,
Disoit au Stras son Compere,
Les gens sont fous : il est plaisant,
Qu'à moi l'on te préfere,
Toi, qui malgré ton éclat séduisant,
N'es cependant qu'un peu de verre.
Ami, répond le Stras, tu te piques envain ;
J'aurai toujours sur toi la préférence,
Si tu ne domptes pas ton naturel trop vain.
Solide ou non, ma splendeur gracieuse,
Fait qu'aujourd'hui l'on me préfére à toi.
Dépouilles-toi d'une écorce odieuse,
Et tu l'emporteras sur moi.

PHILARISTE.

Vous m'éclairez, Seigneur, quand je frondois la mode,
Un masque de raison me cachoit mon erreur,
Aux usages reçus, il faut qu'on s'accommode,
La singularité n'est qu'un vice du cœur.

ÉSOPE, seul.

Cette cure est heureuse, & mon ame est contente,
A cette guérison, je ne m'attendois pas,
Puisse un succès si plein d'appas,
Combler & mes vœux & l'attente
De la jeune Beauté qui porte ici ses pas.

B 3

SCENE V.

ÉSOPE, CHLOÉ.

CHLOÉ.

Pourrai-je de l'Amour, obtenir audience ?
Dites-le moi, Seigneur, j'implore votre appui,
Pour me conduire jusqu'à lui,
Je viens lui reprocher l'abus de sa puissance.

ÉSOPE.

De répondre à sa place, il me charge aujourd'hui.

CHLOÉ.

Eh bien ! dites-lui donc, que je suis encolere,
Et grondez-le du choix qu'il m'a fait faire.

ÉSOPE.

Il est donc bien mauvais ?

CHLOÉ.

Hélas ! si mon Amant
Eût joint plus de persévérance,
A mille qualités qui le rendent charmant,
Il eût comblé mon espérance.
Qu'un ingrat séduit aisément
Une ame sans expérience !
Corilas m'a cent fois répété le serment
Qu'à ma conquête, il borneroit sa gloire,
Mon cœur se plaisoit à le croire.
Hélas ! depuis hier sa fuite le dément.

Clitie eſt moins belle que moi ;
Tout le monde le dit, en murmure & s'étonne,
Que cette petite perſonne,
Ait pu porter l'ingrat à me manquer de foi.
Un air folâtre & gai, mêlé d'étourderie :
(C'eſt-là tout ce quelle a d'appas,)
Enchaîne l'ingrat ſur ſes pas,
La ſageſſe peut moins, que la coquetterie.

ÉSOPE.

Une réflexion devroit vous appaiſer.
Perdre un volage eſt peu de choſe.
Le mépris, ſi l'ingrat s'eſt éloigné ſans cauſe,
Doit vous venger, & vous tranquilliſer.

CHLOÉ.

Si la vertu ne forçoit à ſe taire ;
Je pourrois par l'eſpoir l'engager au retour ;
Mais il eſt trop honteux d'avouer ſon amour,
Et le devoir force au myſtere.

ÉSOPE.

Vous l'aimez donc, ſans qu'il en ſache rien ?

CHLOÉ.

Hélas ! Seigneur, il le faut bien.

ÉSOPE.

Sans doute qu'avec lui, prenant un œil ſévere,
Quand il parle de ſon ardeur,
Vous affectez un ton auſtere,
Pour mieux lui faire ignorer ſon bonheur ?

B 4

CHLOÈ.

Presque toujours , dit-on , un Amant se dégage,
Quand il sent que pour lui , l'on céde à son penchant.
Ce qui devroit le rendre plus constant ,
Est bien souvent ce qui le rend volage.

ÉSOPE.

C'est penser trop sévérement.
L'air revêche n'est bon que lors que l'on soupçonne ,
La sincérité d'un amant.
Il faut aussi que la vertu raisonne ,
Trop d'âprêté la feroit réprouver.
Ecoutez bien , je vais vous le prouver.

LA VIOLETE ET LA ROSE.

J E suis nouvellement éclose ,
Je joins l'éclat à la fraîcheur ,
Disoit une superbe Rose,
A la Violette sa sœur.

Les Bergeres de ce Village,
Semblent pourtant te préférer ;
Et leurs amans t'accordant l'avantage ,
Te choisissent pour les parer.

Tu n'es qu'une fleurette , & tu rampes sous l'herbe,
Le gazon le plus court te peut ensevelir.
Moi j'ai pour trône une tige superbe ;
C'est donc moi qu'on devroit cueillir.

Doucement , dit la Violette ;
En éclat , en beauté tu l'emportes sur moi :
Je ne suis , j'en conviens , qu'une simple fleurette;
Mais je n'ai pas d'épines comme toi.

ÇHLOÉ.

Seigneur, je sens mon tort , je serai moins discrette,
Je vois clair maintenant , & je suis satisfaite.

SCENE VI.

ÉSOPE, LUCAS.

LUCAS, *dans l'enfoncement.*

Morgué... ce n'eſt pas li , par ma fi... quand j'y
    penſe...
Eh non... l'amour n'eſt pas boſſu ,
Si l'on dit vrai... que ſais-je ?.... hé bien.... pouſſons
    la chance ,
    Il m'a , que je crois apparçu.
Courage... allons... la révérence. (*à Éſope.*)
    Monſieu le Dieu, ſarviteur, & bon-jour.
Dítes-moi bonnement... vous n'êtes pas l'Amour ?

ÉSOPE, *ſouriant.*

    Avec lui quelque reſſemblance
    Te peut-elle en faire douter ?
En eſt-il entre nous ? Je n'oſe m'en flatter.

LUCAS.

    Je ne l'ons jamais vu... ainſi par ignorance,
    Il eſt aiſé de ſe tromper.
Nous autres bonnes gens, on nous en fait accroire,
Je ſavons travailler , manger , dormir & boire,
    Et pis c'eſt tout ; qui veut nous attraper,
Nous attrape, pourtant, ſans trop chomer ma fête,
Qui m'en baille à garder, n'eſt palſangué pas bête,
    Je ne gage jamais qu'étant ſûr de mon fait.
Par exemple , j'ai dit en vous voyant paroître,
Que ſi l'Amour eſt biau, vous ne pouviez pas l'être.
    Mais je ne ſavois pas s'il valoit en effet ,

Le biau portrait qu'on m'en a fait :
Parquoi , j'ai dit que vous étiez peut-être
Le Dieu d'amour , quoique vous foyez laid.
Excufez da fi je fommes fincere.
Et pi , d'ailleurs, foi-même on ne fe bâtit pas.

ÉSOPE.

Vas, ne crains point de me déplaire.
La vérité toujours eut pour moi mille appas ;
Mais dis-moi maintenant , quel fujet à Cythere ,
T'oblige de porter tes pas ?

LUCAS.

Je m'appelle Lucas & ma femme Claudeine :
C'eft dans notre Hamiau ,
Sans vanter , ce qu'on peut rencontrer de pu biau.
Et ftapendant le chagrin , la migraine ,
Me tarabuftont le carviau.
Je penfois que le mariage
Me rendroit avec elle & joyeux & content ,
Il n'en eft rian. De bon cœur j'en enrage.
Je voudrois bian favoir pourtant
D'où cela vient ; morgué ça m'inquiette.

ÉSOPE.

Oh ! Je m'en doute bien.

LUCAS.

Pargué dites-le moi , là , ne me cachez rien.

ÉSOPE.

Ta Femme eft belle ?

LUCAS.

Oui.

É S O P E.

Sans doute elle eſt coquette ?

L U C A S.

Non, vous dis-je, Monſieur,
Claudeine eſt du village,
Encore un coup, la femme la pu ſage.

É S O P E.

Mais rien ne manque à ton bonheur :
Puiſque tu poſſedes le cœur,
D'une femme à tes yeux auſſi ſage que belle,
Quel ſujet trouble ta cervelle ?

L U C A S.

Je n'en ſai rian.

É S O P E.

En ſerois-tu jaloux ?

L U C A S.

Fi donc, vous moquez vous de nous ?
On dit que rian n'eſt pu laid dans le monde,
J'enrage ſeulement qu'eune lieue à la ronde,
A note femme on faſſe les yeux doux.
A preſent que tous deux je ſommes en minage
Je ne vois pas qu'eulle en eſt la raiſon,
Ce flagornage
Apréſent n'eſt pu de ſaiſon.
Il me viant la dedans des viſions cornues,
Qui me tourmentont ſans répit.
Mais Claudeine répond aux douceurs qu'on lui dit,
De façon que les Gens ſemblont tomber des nues :
Alle les bourres tous, là, qu'il n'y manque rian,
Un certain Hoberiau parce qu'il a du bian,

Craiait qu'il n'avoit qu'à fe baiffer & pi prendre ;
Un jour de l'embraffer, il voulut s'entreprendre,
　　Alle vous li plaquit un coup fu le grouin,
　　Si fort & fi pefant que fa pauvre machoire,
　　S'en reffentit, je crois, encor le lendemain,
　　　　J'en ai ri de bon cœur.

É S O P E.

　　　Oh ! Je veux bien t'en croire.
　　　Ton front eft fort en fûreté,
　　Si ta Femme toujours avec cette fierté,
　　Traite tous les galans que fa beauté captive.

L U C A S.

　　Oh ftapendant, je fis fur le qui-vive.
　　Tant de Nigauds venont la tracaffer,
　　Qu'alle pourroit queuque jour fe laffer.
　　A force de tapper enfin on fe fatigue.
　　Eh ! que fait-on, le Guiabe eft ben malin,
　　Je refte là, pour la tirer d'intrigue,
　　Et s'il le faut pour lui prêter la main.

É S O P E.

　　Fort bien ; mais fais-tu cacher à ta Femme,
　　　Ce qui fe paffe dans ton ame?
　　　Quand tù parles de tes Rivaux,
　　　Sais-tu fauver les apparences,
　　　Et déguifer ce que tu penfes ?

L U C A S.

'Tatiguoi, j'en réponds, y font trois Etourniaux.
Qui ferions bian fon fait, moi j'en dis pi que pendre.
Ils ont biau reluquer ma Femme d'un air tendre,
　　　Oh ! je crois par ma foi,
　　Qu'ils l'y déplaifont pu qu'à moi.

ÈSOPE.

Et tu te crois exempt de jaloufie ?

LUCAS.

Oui palfanguenne fur ma vie.

ÉSOPE.

Vas, j'ai pitié de toi,
Et je veux te guérir de cette maladie.

LUCAS.

Bon ! guarit-on les gens du mal qu'il n'avont pas ?

ÉSOPE.

Que je te plains, pauvre Lucas !
Le mal qu'on ne fent pas eft fouvent incurable.
Par l'effet que fur toi peut produire une fable,
Voyons fi par hafard tu n'es point dans ce cas.

L'ABEILLE ET LE HANNETON.

ON m'a conté qu'une Abeille
D'une beauté fans pareille,
Des plus beaux Hannetons, excitoit dès long-temps,
Les amoureux bourdonnemens,
Un d'entr'eux dont l'ardeur fidele,
Avoit attendri cette belle,
Devint fon heureux Epoux.
Son bonheur lui fit des jaloux;
Mais il étoit jaloux lui-même,
Il gardoit fon Abeille avec un foin extrême.
Tant d'affiduité produifit les dégoûts.
Cenfeur injufte, inquiet & cauftique,
Sur fes Rivaux il vomit fa critique.
Il erroit au calcul; hélas ! le pauvre Sot,
Il en dit trop de mal, pour qu'on en crût un mot.
Sa Moitié fut plus équitable;
Pour un Papillon fort aimable,

Elle conçut le plus tendre penchant.
Le Jaloux fut coëffé , fit envain le méchant,
On railla son jaloux délire :
Plus il juroit , & plus il faisoit rire.

Par un Jaloux , un Rival accusé ,
Certainement ne risque pas grand chose.
Quand soi-même on se fait le Juge de sa cause,
Il n'est pas surprenant que l'on soit récusé.

LUCAS.

Morgué ! je sis guari ; tenez, sans votre Fable ,
J'aurois fait queuque jour un tapage du Guiable ,
Et je comprends fort bien que j'en serois le sot.
Je vous promets de ne pu dire mot.
Queuque soupçon dont j'aie l'ame émue ,
Toujours *motus* ; & si par fois
Queuque vision imprévue
Vient par hasard choquer ma vue ,
Devant , tout aussi-tôt je porterai mes doigts.
Adieu , Seigneur ; pour votre peine ,
Quand vous voudrez je payerai chopeine.
En attendant , bon jour , & grand merci. (*Il sort.*)

ÉSOPE.

Le voilà délivré d'un importun souci....

SCENE VII.

ÉSOPE, DORIS.

DORIS, *survenant*.

AH, ah, ah! je n'en puis plus de rire.
Là-bas, au pied d'un hêtre assis,
Je viens de voir deux Amoureux transis,
Qui d'un ton langoureux exprimoient leur martyre.
L'Amour me le pardonnera,
Si je n'ai pu partager leur tristesse :
En écoutant ce duo de tendresse,
Je croyois être à l'Opéra.

ÉSOPE.

Cette gaieté n'est pas prudente,
Et c'est fort mal en user chez l'Amour:
La vengeance est un mets dont la douceur le tente,
Et ce Dieu pourroit bien vous payer de retour.

DORIS.

Eh! pourquoi de l'Amour craindrois-je la vengeance?
Personne plus que moi ne s'intéresse à lui :
Nul amant sur mon cœur n'obtient la préférence,
Et je lui donne au moins dix sujets aujourd'hui.
Tous font honneur au Maître de Cythere,
Si j'étois moins coquette, il n'en auroit eu qu'un ;
L'Amour auroit donc tort de se mettre en colere:
Je me soumets à l'usage commun.
Le jargon aujourd'hui passe pour l'éloquence ;
Le fiel critique est pris pour la sagacité,
La fatuité pour aisance,
L'extravagance pour gaieté:

L'air de Pédant pour gravité,
L'air de candeur pour indolence,
L'impudence pour liberté,
Le galimathias pour fcience,
Le fophifme pour vérité.
On change en tout point de méthode,
Pour fe foumettre à la regle du jour :
Comme autrefois on ne fait plus l'amour,
Et l'on doit aimer à la mode.

ÉSOPE.

La mode! oh! oh! Dites-moi donc comment
On traite aujourd'hui la tendreffe ?

DORIS.

La conftance aujourd'hui n'eft plus qu'une foibleffe.
On s'unit par hafard, fans goût & fans penchant :
Ce n'eft plus que par air qu'on fait une maîtreffe,
Et c'eft par air auffi qu'on fe donne un amant.
Chacun bannit de fon Roman,
L'ennuyeufe délicateffe ;
Et maintenant on doit avec adreffe
Subftituer l'efprit au fentiment.
Les foupirs, les langueurs n'ont plus le don de plaire.
On fe rit d'un Amant affez fot d'en ufer.
Une belle bientôt ceffe d'être févere,
Quand on a l'art de l'amufer :
Celui d'aimer n'eft plus, & le fin de l'affaire,
Des deux côtés confifte à s'abufer.

ÉSOPE.

Ce commerce eft plaifant.

DORIS.

J'aime ce brigandage.

Le

Le chemin du bonheur eſt par-là racourci.
Et du Maître des cœurs le riſible eſclavage,
Ne m'a jamais cauſé ni chagrins ni ſouci.
Je connois des Galans toute la fourberie :
Ils me trompent ; à mon tour, moi, je les trompe auſſi.
Je les ſubjugue tous par ma coquetterie :
Cela m'a toujours réuſſi.

ÉSOPE.

J'en ſuis ſurpris.... Là , ſans plaiſanterie ;
Penſez-vous que ce ſoit le moyen de charmer ?

DORIS.

L'expédient eſt ſûr pour ſe bien faire aimer.

ÉSOPE.

Je ne vous en crois point , c'eſt une raillerie.

DORIS.

L'art de plaire eſt réduit au talent de flatter.
Pour triompher d'un cagot ridicule
Il me ſuffit quelquefois d'affecter,
L'air de réflexion, & le ton du ſcrupule :
Il ne faut qu'exalter les graces, le rabat,
Ainſi que le caquet d'un jeune Magiſtrat ;
Vanter la profonde ſcience,
D'un Hypocrates de vingt ans,
D'un Pédant louer la prudence,
La politeſſe , les talens,
L'eſprit fin & léger , d'un homme de Finance ,
D'un jeune Courtiſan vanter le haut crédit,
Rajeunir d'un Barbon l'antique baptiſtere ,
Applaudir avec feu les Vers d'un bel eſprit,
A tout le monde ainſi j'ai trouvé l'art de plaire.

C

ÉSOPE.

Eh ! quel eſt votre but ? & dites-moi pourquoi
S'efforcer d'inſpirer une ardeur inutile ?
C'eſt manquer à la bonne-foi.

DORIS.

Que ce ſcrupule eſt puérile !
Plaire pour le beau ſexe eſt le ſort le plus doux.
L'amour-propre n'a pas tant de délicateſſe,
Et ſans reſſentir de tendreſſe,
Nous aimons cependant qu'on en ſente pour nous.

ÉSOPE.

Mais avec vos amans, une telle conduite
Vous expoſe à la fin à leurs reſſentimens.

DORIS.

Plus mon manege les irrite,
Et plus je ris à leurs dépens.

ÉSOPE.

Ce manege à la fin vous deviendra funeſte,
Croyez-moi, ceſſez d'en uſer ;
Car en ce cas l'expérience atteſte,
Qu'à pareil mal c'eſt s'expoſer.
C'eſt un abus honteux que la raiſon réprouve,
Et voici comment je le prouve.

LA LINOTTE ET LE MOINEAU.

Dans un ſavant Auteur je liſois l'autre jour,
Qu'une Linotte étourdie & volage,
De tous les oiſeaux d'un bocage
Avoit ſu captiver l'amour :

Par un perfide badinage,
Elle les trompoit tour-à-tour.

DORIS.

Bon, fort bien, fort bien, c'est l'usage,
C'est la mode & le ton du jour.

ÉSOPE.

Mais à l'imprudente Linotte,
Un Moineau fit changer de notte.
Il plut, en écouta ses vœux,
Et le Moineau devint heureux.

DORIS.

Ce fut un malheur pour tous deux?

ÉSOPE.

Non pas pour le Moineau volage,
Qui dès le lendemain déserta son ménage,
La Linotte s'estomaqua,
Mais l'Infidele s'en moqua.
On en fit maint conte à la ronde,
Bientôt par-tout on en parla;
Elle avoit sifflé tout le monde,
Et tout le monde la siffla.

Eh bien, de la Linotte au mépris condamnée,
Ne redoutez-vous pas un peu la destinée?

DORIS.

Moi! point du tout. Je crains seulement les ennuis:
J'aime l'Amour, mais c'est quand il badine.
Le sentiment m'excede & m'assassine.
Vous le prêchez, je vous quitte & m'enfuis.

C 2

ÉSOPE.

Elle ne prévoit pas le fort qui la menace.
Le don de plaire avec le temps s'efface,
Et....... Que veut ce Gafcon-là ?

SCENE VIII.

ÉSOPE, FATIGNAC.

FATIGNAC.

MOn cher Patron , bon jour.
Jé fuis preffé , faites-moi voir l'Amour.

ÉSOPE.

Il eft abfent.

FATIGNAC.

Comment ! à moi cette réponfe ?
Vous mé prénez pour un autre , ma foi.
Hola ! Zéphirs , qué l'on m'annonce.
L'Amour y doit être pour moi.

ÉSOPE.

Quel homme êtes-vous donc ?

FATIGNAC.

..... Un homme d'importance.
Car vous voyez en moi l'Adonis dé la France ,

Et des mortels lé plus galant.
Lé Seſſe, à mon aſpect, ou languit, ou ſoupire.
Jé joins lés graces au talent :
L'Amour m'a fait exprès pour pupler ſon Empire ;
Mais Plutus né m'a pas ſi bien traité qué lui.
Més révénus ont peine à mé ſuffire.
Jé viens avec l'Amour m'arranger aujourd'hui,
Pour qué tout aille mieux & comme jé déſire.

ÉSOPE.

Il eſt abſent, vous dis-je. Mais je peux,
Si la Raiſon autoriſe mes vœux,
A vos deſirs prêter mon miniſtere.
Quand je puis obliger, je me tiens trop heureux.

FATIGNAC.

Eh donc, obligez-moi ; voici tout lé myſtere.
J'aime éſſéſſivément un objet enchantur,
Qui pour plaire n'a qu'à paroître :
Il accorde à més feux quelqué droit ſur ſon cur ;
Mais ſans fortune auſſi lé Deſtin la fit naître.
Si jé pouvois lui faire un état faſtueux,
Vous jugez qu'à ma flamme on ſé rendroit facile ;
Mais la Petite vut, pour couronner mes feux,
Qué j'uniſſe à la fois l'agréable à l'utile.

ÉSOPE.

Après.

FATIGNAC.

D'autre côté, J'ai ſoumis à l'Amour,
Une Vuve opulente, un pu ſur lé rétour :
Celle-ci dé l'hymen mé préſente la chaîne ;
Párti qué jé prendrois ſans peine,

Si la Vuve y joignoit l'abandon dé fon bien.
Mais fon éfféffive prudence,
S'oftine à lui garder, en formant ce lien,
Sur fon tréfor une entiére puiffance.
A cé prix-là, comment conclure rien ?
Lé titre d'héritier eft trop pu pour mé plaire,
Jé vus être Propriétaire.

ÉSOPE.

Vous voudriez, je vous entends,
Difpofer de fon bien à votre fantaifie.

FATIGNAC.

C'eft l'ufage établi par lé fimple bon fens,
Quand par complaifence on s'alie,
Avec Vuve dé quarante ans,
Elle doit préfumer qué c'eft pour fa richeffe,
Qu'on contracte avec elle un tel engagement ;
Et qu'on ne put avoir dé la tendreffe,
Qu'autant qu'on jouit pleinément.

ÉSOPE.

Vous ne dites pas tout, votre tête s'occupe
D'un projet que je lis au fond de votre cœur.
Si la Veuve étoit affez dupe,
Pour livrer tout fon bien à votre feinte ardeur ;
Elle verroit bientôt fes tréfors au pillage,
Enrichir l'autre objet dont vous êtes épris.
Avouez-le, la Veuve eft fage :
De fes foupçons vous n'êtes pas furpris ?

FATIGNAC.

Sandis! vous dévinez. Eh! d'un tel mariage,
Source inépuifable d'ennuis,
N'eft-il pas jufte au fond qué l'on fé dédommage,
Dans lé fein des plaifirs éfilés du logis ?

Mon projet eſt divin. Vous l'approuvez, jé gage ;
Et c'eſt pour l'appuyer qué jé vous fais la cour.
Sil réuſſit, dés chagrins du ménage,
Jé mé conſolerai dans lés bras dé l'Amour.
 Tel eſt l'objet dé ma Requête ;
Pour la porter à mé donner ſon bien,
Qu'à ma Vuve l'Amour faſſe tourner la tête ;
Et d'Hymen auſſi-tôt j'affronte lé lien.
Dites bon, s'il vous plaît.

ÉSOPE.

La ſupplique eſt honnête.
Ma main à la ſigner n'eſt cependant pas prête.

FATIGNAC.

Comment ?

ÉSOPE.

La Fable que je vais conter,
De vos deſſeins indiquera la ſuite,
Et vous démontrera ce qui doit réſulter,
De ce projet honteux que votre ame médite.

LE RAT, LA TAUPE, ET LA SOURIS.

CErtaine Taupe, au fond de ſon petit caveau,
Avoit pour ſon hiver du grain en abondance.
Un Rat Gaſcon, mais égrillard & beau,
 Fit avec elle connoiſſance.
Il plut. Le drôle amoureux du monceau,
 Prit notre Aveugle en mariage.
En moins d'un mois, ce fut fait du ménage,
Il l'épuiſa, pour gentille Souris
Qu'il le traitoit, ſuivant l'uſage
 Des coquettes de Paris.
Enfin le maître Eſcroc réduit à l'indigence,
Crut n'avoir rien perdu comptant ſur ſon Iris.
 Il implore ſon aſſiſtance ;

On lui demande avec mépris,
En quel lieu il avoit appris,
Qu'on recevoit des préfens pour les rendre?
Autant valoit ne pas les prendre.
Non pas, ajouta-t-on, n'efpérez pas cela :
Vous voilà gueux, reftons-en là.
Le Rat puni de fon ingratitude,
Vint, en jurant, fe cacher dans fon trou.
Les uns difent qu'outré d'un traitement fi rude,
Le pauvre diable en devint fou.
D'autres difent qu'enfin excédé de mifere,
N'ayant pour fubfifter pas un feul petit grain,
Il fe jetta dans la riviere,
Pour ne pas mourir de chagrin.

Le Rat méritoit bien fon deftin déplorable.
Pour les ingrats, il n'eft point de bonheur.
Voulez-vous qu'à vos vœux l'Amour foit favorable?
Fondez vos defirs fur l'honneur.

FATIGNAC.

Vous m'éffédez, fandis, avec votre doctrine.
Jé termine en deux mots cé péfant entretien....
Jé fuis Gafcon, j'ai bonne mine ;
Avec céla jamais on né manque de rien.
Adiucias.

ÉSOPE.

Que nous veut cette Nymphe jolie?
Ah! quel air de coquetterie.

SCENE IX.

ÉSOPE, SIRENE.

SIRENE.

Seigneur, l'Amour eft - il ici ?

ÉSOPE.

Que lui voulez-vous ? Me voici
Chargé de répondre à fa place.

SIRENE.

Je viens au fait & demande une grace
   Qu'il ne fauroit me refufer.
   Vous me voyez, je fuis jolie ;
   Je réunis tous les talens,
   De Terpficore & de Thalie.
   Je chante comme en Italie,
   Et je touche quatre inftrumens.
Dans les petits foupers on vante ma folie,
   Et je n'ai point encor de diamans.
C'eft la faute du Dieu qu'on adore à Cythere.
Que ne m'envoie-t-il quelqu'un de ces Amans,
De ces gens à million, qui ne favent que faire
   De leur argent, de ces fils de Plutus,
   Qui captivent les cœurs par le fon des écus.
   Laïs en a déja ruiné deux au moins,
Et dans un char pompeux étalant fa richeffe,
Le Peuple éclabouffé, la croit une Princeffe,
   A qui les Rois doivent des foins.

Avouez-le, Seigneur, le talent eft fi rare,
Qu'il a droit d'afpirer au fort le plus heureux :
On en doit profiter, & quand on fe compare
    A tant de gens que le Deftin bifarre
Enrichit, fans mérite, au-delà de leurs vœux,
    N'eft-il pas jufte qu'on répare
    Son infortune aux dépens d'eux ?

É S O P E.

De la Préfomption c'eft bien là le langage ;
De votre favoir-faire, il me feroit douter.
    Le vrai talent eft bien plus fage ;
    Il ne fait pas fi bien compter :
A l'honneur de charmer il borne fa fortune,
C'eft-là l'unique objet de fon ambition :
    Etre applaudi c'eft-là fa paffion.
Le foin de l'avenir, il eft vrai, l'importune,
    Et l'indigence eft fon tombeau.
    C'eft aux Grands fur-tout qu'il eft beau,
De l'aider de leurs biens, comme de leur fuffrage.
D'un néceffaire honnête, il lui faut l'avantage ;
    Il ne doit pas dépendre du moment,
        Il fe ranime par l'aifance,
        Se nourrit par le fentiment,
    Mais s'affoupit par l'opulence.

S I R E N E.

Vous m'étonnez, Seigneur, en confcience,
    Et dans cet aimable féjour,
Je ne m'attendois pas à pareille audience.
    Tant de morale chez l'Amour !
Vous ignorez à quoi fert le talent en France.

É S O P E.

A quoi fert-il ?

S I R E N E.

Il met au jour
Un Tendron qui fans lui, feroit dans l'indigence ;
D'un peuple de Galans lui captive l'amour,
Et le fait régner tour-à-tour,
Sur la Nobleffe & la Finance.

É S O P E.

Quelle indigne faveur venez-vous demander !
Sans en frémir, je ne puis vous entendre.
C'eft donc là le bonheur que vous ofez attendre,
Des talens que le Ciel daigna vous accorder ?
Le Théatre élevé par la Sageffe même,
Par la Raifon & par le fentiment,
Devient l'appui du crime & fon vil inftrument.
C'eft-là, que tous les jours le devoir vous appelle
Pour y plaider la caufe des Vertus.
Par votre voix les Vices combattus,
Devroient frémir en vous voyant fi belle.
La Sageffe employant l'éclat de vos attraits,
Pourroit dompter le cœur le plus farouche ;
Mais pour lancer les plus fûrs de fes traits,
C'eft envain qu'elle emprunte une fi belle bouche ;
Vous qu'elle choififfoit pour fe faire chérir,
Vous-même, vous n'avez aucun penchant pour elle.
De quel front feriez-vous fon organe fidele,
Vous qui la trahiriez loin de la fecourir ?
Oferiez-vous, en Scene, aller fronder les vices,
Si votre cœur prompt à s'en repentir,
Les careffoit dans les Couliffes ?

S I R E N E.

Mais, Seigneur, on apprend l'art des expreffions,
D'un tendre effaim de Flatteurs agréables :
C'eft par eux qu'on obtient le ton des paffions,
Et qu'on fait les orner de couleurs plus aimables.

Indigne excufe. En fait de fentimens ,
  L'ame des libertins eft ftupide & muette.
Qu'apprendrez-vous de vos plus chers Amans ,
Dont vous voulez que l'or foit le vil interprête ?
  Si vous voulez primer dans votre état ,
Que le fentiment feul vous guide & vous infpire.
Ah ! pour peindre l'Amour pudique & délicat ,
  N'empruntez pas le pinceau du Satyre.
  Rejettez un efpoir honteux & féducteur :
  Soyez-en fûre, une immenfe richeffe ,
  Etoufferoit bientôt le talent enchanteur,
  Que le Public en vous , applaudit & careffe.
Vos attraits profanés bientôt s'éclipferont :
Le Parterre éclairé ne verra que vos vices ;
  Ses juftes fifflets puniront
  Vos airs , vos tons & vos caprices.
Prodigue de tréfors acquis honteufement ,
(Car on voit rarement Coquette ménagere)
  Un jour , au fein de la mifere ,
  Vous gémirez fur votre égarement.
Cet horofcope eft fûr ; je vais par une Fable
Vous le prouver , tant je fuis charitable.

LA CHIENNE DE CHASSE.

Diane , éleve d'un Chaffeur ,
  Des Chiens fublime Précepteur ,
Surpaffoit en talens le Braque de Céphale ,
  Tant elle avoit de nez & de légéreté ,
  D'inftinct , d'ardeur & de docilité.
  Diane étoit , en un mot , fans égale ,
Si fon cœur n'eût été rempli de vanité.
Chacun la careffoit , lui faifoit grande chere,
Lui chatouilloit l'oreille en figne d'amitié ,
Son Maître en étoit fou , c'étoit une pitié ;

Il n'eût pas mieux traité l'épouse la plus chere.
Mais ce fut pour elle un malheur ;
Tant de caresses la gâterent :
D'exercer ses talens, source de son bonheur,
Le caprice & l'orgueil enfin la dégoûterent :
Son mérite, bien plus, l'aveugla tellement,
Qu'elle ne pouvoit plus obéir qu'avec peine.
Le son du Cor lui donnoit la migraine ;
Elle ne vouloit plus chasser absolument,
Qu'une seule fois par semaine ;
Puis tous les mois, puis tous les ans.
Diane perdit ses talens.
Le Maître dégoûté de sa bête inutile,
La livre enfin aux Marmitons :
Gent, pour les Chiens, fort incivile,
Et prodigue sur-tout de grands coups de bâtons.
Diane à tout moment avoit quelque taloche ;
Rebut de toute la maison ;
Envain le repentir rapella sa raison,
Elle languit & mourut tournebroche.

SIRENE.

Je meurs de honte ! ah ! je suis peinte au vrai.
Je rougis pour toujours de mon erreur extrême,
Et je vais de mon mieux tâcher que ce portrait
Ne me ressemble plus de même.

ÉSOPE.

Allez, craignez sur-tout, la cohorte importune,
Des lâches Suborneurs, des Oisifs opulens :
De l'éclat des vertus décorez les talens ;
Et sur eux seulement fondez votre fortune.
Au desir de briller gardez de succomber.
A rougir devant vous vous forcerez le vice.
Songez que plus on est au bord du précipice,
Plus il est glorieux de ne pas y tomber.
(Seul.)
Ma foi, j'ai fait le plus fort de l'ouvrage.....
Mais, que veut dire ce tapage ?

SCENE DERNIERE.

L'AMOUR, ÉSOPE.

L'AMOUR.

SEigneur, hâtez-vous de partir.

ÉSOPE.

Eh! pourquoi donc, Amour?

L'AMOUR.

Partez, je vous supplie.
Vos succès ont si fort irrité la Folie,
Qu'on ne peut trop vous presser de sortir.
Un des *Suivans* de la Déesse,
Allarmé du succès de vos sages leçons,
A si fort contre vous irrité sa Maîtresse,
Que vous risquez ici de toutes les façons.
Fuyez donc; à ses yeux gardez-vous de paroître.
Que ne devez-vous pas craindre de son courroux,
Puisque, dit-on, un Petit-maître,
Etoit le Délateur qui parloit contre vous.

ÉSOPE.

Oh! je ne la crains pas; d'ailleurs l'ordre suprême
De Jupiter, ici, me retient engagé;
Sans m'exposer à son courroux extrême,
Je ne puis prendre mon congé.

L'AMOUR.

Oh! n'en déplaise au Maître du Tonnerre,
Partez, Seigneur, & représentez-lui
Que la Folie est ici nécessaire.
Veut-il que l'Isle de Cythere
Devienne désormais le séjour de l'ennui?

ÉSOPE.

Ah! je vois ce que c'est, & je lis dans votre ame,
Que vous craignez pour vous beaucoup plus que pour
moi.
Je sens quel intérêt cette crainte réclame,
En conseillant autrui, l'on ne pense qu'à soi.
Rassurez-vous pourtant, en chassant la Folie,
Jupiter veut, que pour guider vos pas,
La Raison désormais avec le Goût s'allie,
Et fasse de Cythere un séjour plein d'appas.
L'esprit & la délicatesse,
Les graces, l'innocence, & l'aimable enjouement,
Suivront les pas de l'austere Déesse,
La passion naîtra du sentiment.
Et pour que votre Cour soit encor plus jolie,
Que tout s'y régle au gré de vos desirs;
L'ordre de Jupiter exile la Folie,
Mais il retient les vrais Plaisirs.

L'AMOUR.

Ah! je ne dis plus mot; & loin d'être rebelle
A ce que Jupiter me commande par vous,
Je ferai partir avec elle
Le Dépit, l'Inconstance & les Soupçons jaloux.
Mais n'en déplaise à la Sagesse,
Je redoute sa gravité:
Un rien l'aigrit, un rien la blesse;
Donc en faveur de l'aimable Jeunesse,
J'ajoute une clause au traité:

Je confens qu'en ces lieux la Sageffe préfide;
Mais de peur que l'ennui n'y verfe fon poifon,
Ou marché nul , ou vous ferez mon guide ;
Je vous préfere à la Raifon.

É S O P E.

Cette préférence m'eft chere ,
Elle me flatte affurément.
Et pour me fixer à Cythere ,
L'aveu du Maître du Tonnerre
S'obtiendra facilement.
Mais là-deffus permettez qu'au Parterre
Je demande fon fentiment.

L'É T O U R N E A U.

L'Aigle fur le Vautour , obtint une victoire.
Tous les Oifeaux pour célébrer fa gloire
Faifoient rétentir les airs ,
Des accords les plus doux , des plus charmans concerts,
Un Étourneau fe mit en tête
Que fon petit gafouillement
Seroit fort utile à la fête :
Voilà mon Etourdi qui fredonne hardiment.
Mais fon gofier difcord trouble la mélodie
De ce concert harmonieux ,
Et tous les Oifeaux furieux ,
pour le punir de fon étourderie,
Alloient plumer Sa Seigneurie.
L'Aigle indulgente appaifa leur courroux.
Pourquoi l'outragez-vous ? dit-elle ,
S'il a moins de talent que vous,
Il me plaît autant par fon zele.

(*Au Parterre.*)

Meffieurs , de notre Auteur daignés être content ;
Ne confultés que l'indulgence,
Et pour combler fon efpérance ,
Jugés-nous fur le zele & non fur les talens.

F I N.

DIVERTISSEMENT.

DIVERTISSEMENT.

(*On danse.*)

LA FIDÉLITÉ.

D Epuis long-temps loin de la terre,
J'habite avec la Vérité.
L'inſtant qui nous unit me rappelle à Cythere,
Connoiſſez la Fidélité.

Sous les loix de l'Amour ne craignez plus de vivre,
Mortels, a ſes faveurs, j'unirai mille appas :
Quand la Raiſon guide ſes pas,
La Fidélité le doit ſuivre.

(*On danse.*)

VAUDEVILLE.

DORIS.

Q Uand pour faire ſon équipage,
Un Gaſcon ſert veuve de quarante ans ;
Malgré la critique des gens,
Je dis qu'il eſt ſage.
Mais quand il eſt au dernier ſou
S'il croit charmer une Coquette,
Par le jargon & la fleurette,
Je dis qu'il eſt fou.
Je dis qu'il eſt fou.

D

FATIGNAC.

Malgré l'éclat dé mon plumage,
A chaque inftant il m'échappoit un cur,
J'avois beau crier au volur,
Jé n'étois pas fage.
Mais pour mieux infpirer du goût,
Tendre & moins Fat en tête à tête,
Jé tente en regle une conquéte,
Et j'en viens à bout.

LA FIDÉLITÉ.

Quand un Barbon, malgré fon âge,
Veut que de lui on faffe quelque cas,
S'il n'épargne pas fes ducats,
Je dis qu'il eft fage.
Mais s'il eft chiche, le Grigou,
S'il croit de lui fa Femme éprife,
Et compte fur la foi promife,
Je dis qu'il eft fou.

LUCAS.

J'ai pris la perle du Village,
Et tout chacun en dit autant que moi,
Ça me choquoit : oh ! par ma foi,
Je n'étois pas fage.
Laiffons la bride fur le cou,
A monture qui bien chemine ;
La gêner ça la rend mutine :
Jne s'rai pas fi fou.

SIRENE.

Lorfque par fon premier Ouvrage,
Nouvel Auteur, eft certain qu'il vous plaît,
S'il en projette un plus parfait,
Je dis qu'il eft fage.
Mais quand pour vous pouffer à bout,
Il vous préfente avec audace,
Un fecond Ouvrage à la glace ;
Je dis qu'il eft fou.

L'AMOUR, *au Parterre.*

Meffieurs , ranimés le courage
Du pauvre Auteur qui tremble dans un coin;
Hélas ! il en a grand befoin ,
dites qu'il eft fage.
Faites-le fortir de fon trou ,
Par un fuffrage favorable ,
Ou comptés que le pauvre diable
En deviendra fou.

(*On danfe.*)

FIN.